Reinhard Mey
Mein Dorf in Berlin

Reinhard Mey
Mein Dorf in Berlin

Aus der Reihe
»Ganz persönlich«
Beschreibungen in Zusammenarbeit mit dem ZDF
mit 40 Fotos von Erhard Pansegrau und einer Karte

Eulen Verlag

Titelseite:
Frohnau: Zeltinger Platz mit Johanneskirche (links)
Der Berliner Bär, gestaltet von Renée Sintenis, am Übergang Dreilinden (Mitte)
Das Märkische Viertel (rechts)

Zweite Auflage 1990

Reproduktion: rete Grafische Kunstanstalt, Freiburg
Gesamtherstellung: Druckhaus Kaufmann, Lahr
ISBN 3-89102-217-4

Aus der Reihe
»Ganz persönlich»
Beschreibungen
in Zusammenarbeit
mit dem ZDF
Herausgegeben
von Dieter Zimmer

„Je mehr ich durch die Weltgeschichte renne,
Desto mehr komm' ich dazu, einzuseh'n:
Wenn ich wo einen Ort ‚Zuhause' nenne,
Dann muß da mindestens Berlin auf'm Ortsschild steh'n!
Denn zu Haus kann ich nur in Berlin sein!"

Zeilen, die Reinhard Mey über „seine" Stadt geschrieben hat. Zuhause, das ist für den Liedermacher der Norden Berlins: Frohnau, Heiligensee, Schulzendorf, Hermsdorf, Waidmannslust, Lübars, Tegel.

Diese Ecke, unübersehbar eingegrenzt von Stacheldraht und Mauer, ist eigentlich ein ganzes Land für sich. Ein Land mit Wäldern und Seen, mit dörflicher Idylle, mit Laubenkolonien direkt vor Wohnburgen, mit grauen Industriegebieten und mit liebevoll gehegtem „Grün", in dem Heere von bunten Gartenzwergen Wache stehen.

Hier hat Reinhard Mey seine Wurzeln in den Sand gesteckt. Hier spielen die großen und kleinen „Dramen" seiner Kindheit, hier wachsen jetzt die eigenen Kinder heran, hierher kehrt er nach Konzert-Tourneen, Rundfunk- und Fernsehaufnahmen immer wieder zurück.

Diese seine kleine „große Welt" hat der erfolgreiche Poet und Musikant für die ZDF-Reihe „Ganz persönlich" beschrieben. Abgerundet wird das Bild durch eine Reihe von Liedern. Meist sind es Alltagsgeschichten aus „seinem Dorf", die der sensible Beobachter gesammelt und in Verse gegossen hat – mit spitzer Feder zwar, mit gepfeffertem Humor und handfester Ironie –, aber stets voller Liebe zu Berlin und den Berlinern.

Übrigens: Reinhard Mey gehört zu jenen Künstlern, die die Musikindustrie nicht verschlissen hat. Mehr als zwanzig Jahre ist ihm sein Publikum treu geblieben. In Berlin folgen ihm die Fans – junge und alte – auf Schritt und Tritt. Während der Dreharbeiten auf einer holprigen Kopfsteinstraße in Schulzendorf sprang ein betagter Mann aus einem Lkw und drückte ihm eine Tüte Äpfel in die Hand – nur so – als Dankeschön.

Rut von Wuthenau

Straße in Lübars mit
der Dorfkirche

S-Bahn Schulzendorf/
Heiligensee: Endsta-
tion Zonengrenze

Ich trag' den Staub von deinen Straßen
An meinen Schuhen heute noch mit mir herum.
Ich hab' sie halt nie putzen lassen,
Nur aus Vergeßlichkeit? Nun ja, vielleicht darum.

Mit diesen Zeilen beginnt und endet eines der Lieder, die ich über meine Stadt geschrieben habe. Es sind authentische Zeilen, denn die Straßen des Berlins, in dem ich aufgewachsen bin, sind staubige Siedlungswege, ungepflasterte Dorfstraßen und pfützenbesäte Schneisen im märkischen Sand. Sie durchziehen die Erinnerung an meine Kindheit wie den Norden Berlins, in dem ich sie verbracht habe.

Hier, am Ende Berlins, am Ende der Welt, hier, wo sich Fuchs und Hase gute Nacht sagen, spielen all die großen und kleinen Dramen meiner Kindheit. Ein Teil der „Kulissen“ von damals steht noch, und die Begegnung mit den Schauplätzen macht die Erinnerung wieder lebendig und allgegenwärtig.

Schulzendorf
im grünen Norden
von Berlin

Es gibt sie noch, die Rinnsale am Straßenrand, die ich lustvoll nach dem Wolkenbruch durchwatete, die Sandberge, diese wilde Wüste, diese geheimnisvolle Dünenlandschaft, aus dem Abraumsand beim Bau der Berliner U-Bahn um die Jahrhundertwende entstanden. Wir spielten Indianer darin und Räuber und Gendarm. Die Generationen haben gewechselt, die Spiele dort sind noch immer dieselben.

Es gibt sie noch, die Gaststätte, vor der lange Bänke und Tische aufgestellt waren, an denen wir Kinder uns in der mageren Nachkriegszeit an „Schwedenspeisung" sattessen konnten, den Kaufmannsladen, vor dem meine Mutter mit mir in der langen Schlange mit Lebensmittelmarken nach Milch anstand. Den Obstladen auf dem Schulweg, in dem ich eine Pflaume geklaut habe, und an dem ich mich monatelang nicht mehr vorbeigetraut habe, aus Angst, als der langgesuchte Pflaumenklauer erkannt zu werden. Da ist auch noch die Schule, dieser bedrohliche, große, rote Backsteinbau, in dem man – mit Erfolg – versucht hat, mir das unfeine Berlinern auszutreiben. Es ist noch da, mein Elternhaus mit den Bäumen, in denen ich mein Baumhaus hatte, und dem Garten, in dem ich meine Höhlen baute, geheime Schätze suchte – und fand – und listenreich wieder vergrub. Allein von meinem Kindergarten bleiben nur noch die Gartenmauern und Erinnerungen.

Frohnau – die Berliner Gartenstadt

Beim Blättern in den Bildern meiner Kindheit

Beim Blättern in den Bildern meiner Kindheit
Find' ich viele vergilbt in all' den Jahr'n,
Und andre von fast unwirklicher Klarheit,
Von Augenblicken, die mir wichtig war'n.
Von Großmutter, die beim Kartoffelschälen
Die Frühjahrssonne im Vorgarten nutzt,
Ich spiel' im Sand und höre sie erzählen,
Und weiß, daß – wenn sie mich erwischt – sie mir die Nase putzt.

Wie manches, dem wir kaum Beachtung schenken,
Uns dennoch für ein ganzes Leben prägt,
Und seinen bunten Stein, als ein Andenken
Ins Mosaik unserer Seele trägt!

Die Suchlisten an den Rot-Kreuz-Baracken,
Vater, der aus Gefangenschaft heimkehrt,
Der dürre fremde Mann mit Stoppelbacken,
Der weinend die Bahngleise überquert.
Onkel Heinz, der mich in der Dorfgaststätte
Heimlich an seinem Bier mittrinken läßt,
Ich zieh' auch mal an seiner Zigarette,
Und Tante Ille denkt, ich sei derweil beim Kinderfest.

Wie manches, dem wir kaum Beachtung schenken,
Uns dennoch für ein ganzes Leben prägt,
Und seinen bunten Stein, als ein Andenken
Ins Mosaik unserer Seele trägt!

Die Dramen, morgens vor dem Kindergarten,
Verzweiflung, wenn Mutter gegangen ist,
Die Qual, einen Tag lang auf sie zu warten,
Und immer Angst, daß sie mich hier vergißt.
Sonntage, wenn Verwandte uns besuchen,
Wenn alles lacht und durcheinander spricht,
Geschirr klirrt, draußen gibt's Kaffee und Kuchen,
Johannisbeer'n im Garten leuchten rot im Sonnenlicht.

Wie manches, dem wir kaum Beachtung schenken,
Uns dennoch für ein ganzes Leben prägt,
Und seinen bunten Stein, als ein Andenken
Ins Mosaik unserer Seele trägt!

Max und Victoria Mey
in den Sandbergen
am Heiligensee

Dies ist der Ort, von dem aus ich zu zahllosen Abenteuern und Eroberungen, zu fernen Horizonten aufgebrochen bin: Als ich vier Jahre alt war, habe ich mich allein auf den Weg nach Amerika gemacht, zu Fuß, bis zum Abend, bis in die Dunkelheit, bis mich in der Laubenkolonie am Heiligensee eine Funkstreife aufgriff und erschöpft und hungrig nach Hause brachte, wo mich die einzige Abreibung, die mir meine Eltern je verpaßten, und zugleich ihre Wärme und Liebe erwarteten; ich habe alle drei dankbar empfangen!

Dies ist der Ort, an den ich immer zurückgekommen bin, wenn ich meinte, daß ich mir nun den Wind lange genug um die Nase hatte wehen lassen. Manchmal mit Schätzen beladen und lorbeerbekränzt, manchmal mit schlechten Noten und blauen Briefen, enttäuscht und geschlagen. Von den Stürmen gebeutelt und niedergeschmettert, war es immer mein Heimathafen, in dem ich Zuflucht fand.

Dies ist der Ort meiner wilden Jahre, meiner Sturm- und Drangzeit, der Ort, an dem ich meine erste Liebe und meine erste große Liebe fand.

Schloß Tegel, von Karl Friedrich Schinkel 1821–24 im Auftrage von Wilhelm von Humboldt neugebaut. Schloß und Park Tegel befinden sich heute im Besitz der Nachfahren der Familie von Humboldt.

Dieter Malinek, Ulla und ich

Er hieß Dieter Malinek, und er sagte, er wäre Journalist,
Das war ein Klasse-Typ, der wußte immer gleich, was Sache ist.
Der kannte das Bermuda-Dreieck, der kannte die halbe Welt.
Ulla und ich war'n sechzehn, und wir war'n schon mal bis Bielefeld.

Woher er kam, erfuhr wohl keiner von uns beiden.
Eines Nachmittags war er eben einfach da,
Ein Paradiesvogel, verirrt in unsre Breiten,
Kam er zu uns ins Eiscafé „Venezia".
Er ging zur Juke-Box und drückte Rita Pavone,
Ulla und ich starrten verzaubert zu ihm hin.
Ulla und ich aßen Erdbeer-Nuß mit Zitrone,
Und er bestellte: „Gin-Tonic mit reichlich Gin!"

Er hieß Dieter Malinek, und er sagte, er wäre Journalist,
Das war ein Klasse-Typ, der wußte immer gleich, was Sache ist.
Der hatte einen roten Alfa Cabrio mit Extralicht,
Und ich ein altes blaues Moped und Pickel im Gesicht.

Er sprach uns an, und ich glaub', ich stotterte kläglich,
Und Ulla sagte, ihr war ganz weich in den Knien.
Wir sah'n ihn öfter und bald trafen wir uns täglich,
Und dann machten wir keinen Schritt mehr ohne ihn.
Wir durften uns in seinem Glanz sonnen und weiden,
Bei jedem Tanz, bei jedem Fest war'n wir zu dritt.
Anfangs nahmen Ulla und ich ihn mit uns beiden,
Später nahmen die beiden mich dann nur noch mit.

Er hieß Dieter Malinek, und er sagte, er wäre Journalist,
Das war ein Klasse-Typ, der wußte immer gleich, was Sache ist.
Der kannte Peter Alexander, Ernst Mosch und halb Hollywood
Und ich den Sohn vom Bürgermeister, und auch den noch nicht mal gut.

Und er erzählte von den Inseln unter dem Winde,
Von Java und den Hochebenen von Peru,
Von Mohnfeldern, von Zuckerrohr und Chinarinde,
Wir hörten ihm mit großen blanken Augen zu.
Und eines Morgens dann waren die zwei verschwunden,
Ich war nicht einmal überrascht, ich ahnt' es längst,
Und doch hab' ich es lange Zeit nicht überwunden.
Verlassen werden tut doch mehr weh, als du denkst!

Er hieß Dieter Malinek und er sagte, er wäre Journalist,
Das war ein Klasse-Typ, der wußte immer gleich, was Sache ist.
Der duftete aus jedem Knopfloch nach der großen weiten Welt,
Und ich nach mittelmäß'gem Schüler mit 3 Mark Taschengeld.

Nun, das war gestern, vor beinahe zwanzig Jahren.
Manches Mal dacht' ich an die zwei, längst ohne Groll.
Vom Bürgermeister hab' ich neulich erst erfahren,
Daß sie in Kamen eine Kneipe haben soll.
Und sie ist nicht in Valparaiso gewesen,
Auf Java nicht und den Hocheb'nen von Peru.
Ihre Inseln unter dem Winde sind ihr Tresen,
Und die Betrunk'nen hör'n mit glas'gen Augen zu:

Er hieß Dieter Malinek, und er sagte, er wäre Journalist,
Das war ein Klasse-Typ, der wußte immer gleich, was Sache ist.
Der kannte das Bermuda-Dreieck, der kannte die ganze Welt.
Und ich war damals grade sechzehn und schon mal bis Bielefeld!

Es gibt keine Maikäfer mehr

Wenn ich vor dem neuen Parkhaus stehe, denk' ich manchmal dran,
Wie das früher hier mal aussah, eh der große Bau begann:
Da gleich an der Einfahrt, an der Kasse, da war Schlüters Haus,
Und gleich dort neben der Schranke, da wohnte die alte Kraus.
Bei der stieg ich regelmäßig jedes Frühjahr über'n Zaun,
Und genauso regelmäßig wurde ich dafür verhau'n.
In den Garten wagten sich die Nachbarskinder nicht und so
Gab's darin zur Maikäferzeit viel mehr als sonst anderswo.
Ich seh' mich noch heute loszieh'n mit dem alten Schuhkarton,
Mit den Luftlöchern im Deckel zu mancher Expedition.
Und ich rüttelte an Bäumen, und ich wühlte auch im Moos,
Die Erfolge waren prächtig und mein Trickreichtum war groß.
Würd' ich heut' noch einmal loszieh'n, blieb mein Schuhkarton wohl leer,
Selbst ein guter Käferjäger
Brächte keinen Schornsteinfeger,
Keinen Müller, erst recht keinen Kaiser her:
Es gibt keine Maikäfer mehr, es gibt keine Maikäfer mehr!

Die „Sechserbrücke“ überspannt den Tegeler Fließ und die Hafeneinfahrt. Vom Volksmund nach dem ursprünglichen Brükkenzoll (5 Pfennig) so genannt.

Die Humboldt-
Bibliothek in Tegel

Dies ist ein Ort, den ich gut kenne, auch wenn ich ihn manchmal nicht wiedererkenne! Dies ist der Ort, an dem ich immer gelebt habe. Es ist der Ort, an dem ich heute lebe, an dem ich arbeite, und es ist der Ort, an dem ich mich vom Leben und vom Arbeiten ausruhe, an dem ich Besinnung und wieder neue Herausforderung finde. Es ist der Ort, an dem meine Kinder geboren sind und an dem sie aufwachsen, an dem sie zur Schule gehen, Freunde haben... genauso wie ich. Das heißt, die Siedlungswege, in deren Pfützen wir geangelt haben und Schiffchen schwimmen ließen, sind kanalisiert, gepflastert und viel zu befahren und taugen nicht, um Kreisel tanzen zu lassen, aber gibt es überhaupt noch Kreisel? Die Kinder heute haben andere Spiele. Die verwilderten Gärten meiner Kindheit sind fast alle entrümpelt und zugebaut, das Gestrüpp durch Zierrasen und pflegeleichtes Immergrün verdrängt.

Ländliche Idylle:
An der Dorfkirche in
Heiligensee

Hempels ha'm ein Häuschen mit 'nem Garten drumherum,
Grade Büsche, grade Bäume, da wächst keine Primel krumm.
Der Weg ist streng geharkt und militärisch knapp bepflanzt,
Gesäumt von Rasen, wo kein Hälmchen aus der Reihe tanzt.
Am Zaun, die Hecke ist auf Stacheldrahtlänge gestutzt,
Und Namensschild und Klingel werden jeden Tag geputzt.
Ein Heer von Gartenzwergen hält die Wacht in Reih' und Glied.
Und wer davor steht, der nimmt Haltung an und sagt, wenn er das sieht:
Ach wie nett, ach wie adrett!
Aber wie, aber wie, aber wie, aber wie, aber wie
Sieht's aus bei Hempels unterm Bett?

Frau Hempel hat 'nen Pudel, der so aussieht wie sie:
Hinterlistig, dick und falsch, ein selten abscheuliches Vieh
Der trägt ein Glitzerschleifchen in den Löckchen und ich schwör:
Die zwei haben ein Verhältnis und den gleichen Frisör!
Herr Hempel hat ein Auto, das schier er abgöttisch liebt,
Das er wäscht und wachst und wienert, und unter das er sich schiebt,
Durch das er saugend robbt, vor dem er lechzend niederkniet.
Und jeder sagt, der Herrn und Frau, Pudel und Auto Hempel sieht:
Ach wie nett, ach wie adrett...

Wie oft wir uns in diesem Garten trafen,
Wie viele Pläne schmiedeten wir hier.
Er war unsere Zuflucht, unser Hafen.
Wir gern lag ich im Gras hier neben Dir!
Und über alle Wege und Alleen,
Glaubt' ich heut' unser Lachen noch zu hör'n.
Ich hätt' ihn besser nicht wiedergesehen,
Sie sind dabei, ihn für eine Schnellstraße zu zerstör'n.

Die Kinder bauen ihre Baumhäuser und Höhlen heute anders und anderswo. Der Bahndamm mit seinen düsteren Geheimnissen ist einer anderen Bahn gewichen, deren Poesie weit nüchterner erscheint, aber das ist der Gang der Dinge, und ob wir ihn begrüßen oder nicht, spielt keine Rolle.

Und doch gibt es sie noch, die Stellen, an denen die Zeit stillgestanden ist. Nischen, die die Zeit beim Vergehen gar nicht bemerkt hat, an denen die Betriebsamkeit und Hektik, der Fortschritt und der Fortschrittsglaube vorbeigegangen sind.

Spielende Kinder im Märkischen Viertel

Schulzendorf: S-Bahn außer Betrieb

Da gibt es Laubenpieper, deren Gärten
Ein Stückchen Sanssouci, ein Stückchen Acker sind.
Vor Apfelbäumen und Gartenzwergen
Dreh'n unverdrossen kleine Mühlen sich im Wind.
Da gibt es Dorfau'n, wie im Bilderbogen,
Auf denen spenden Gaslaternen gelbes Licht.
Da sind die Vorhänge zugezogen,
Und hinter jedem Vorhang regt sich ein Gesicht.

Da gibt es Wüsten aus Beton und Steinen,
Und alle Straßen darin sind gespenstisch leer.
Wie eine Fata Morgana scheinen
Noch ein paar Schrebergärten vor dem Häusermeer.

Das Märkische Viertel
...in Berlin ganz oben

Am Lindenhof in Tegel

Es gibt sie, die Winkel, die die Großstadt und die Bauwut übersehen haben, die das Wachstum noch nicht aufgesogen und Profitjagd noch nicht parzelliert hat. Sie sind nicht künstlich konserviert oder wie im Museum in ihrer Epoche erstarrt, sondern sie haben sich nur ganz natürlich mit ruhigem Beharrungsvermögen dem Trend der Zeit, dem Gebot der Stunde entzogen. Es sind auch keine „In-Plätze" geworden, keine Scene-Treffs, keine aufgemotzten Nostalgieviertel, keine chic restaurierten Antiquitäten.

In Berlin, sagt man, wird alles zur Boulette, und alle Versuche der Schickeria in Berlin, vom harten Boden der Tatsachen und des Alltags der Menschen hier abzuheben, scheitern am schwindelgeprüften, für alles Unechte geschärften Blick der Berliner und enden kläglich in ihrem entlarvenden Spott. Die Winkel und Nischen, diese Inseln in der Zeit sind einfach, unscheinbar und schlicht, und sie machen diesen Ort noch immer liebenswert.

So reich an Gegensätzen, Widersprüchen, Unerwartetem und Banalem wie die Stadt, zu der er gehört, ist dieser Teil Berlins in sich selbst auch.

Das Buddhistische Haus in Frohnau wurde in den 20er Jahren von dem zum Buddhisten gewordenen Arzt Paul Dahlke voller Symbolismen errichtet. Seit 1960 ist das Gelände im Besitz des Staates Sri Lanka und offizieller buddhistischer Tempel.

Pferdestall in Lübars

Mein Berlin ist mehr als ein Stadtteil, der „hohe Norden“ oder „JotWeDe“, wie ihn die anderen Berliner nennen, ist eigentlich ein ganzes Land für sich: Mit Dörfern, mit dörflicher Idylle oder intakter Landwirtschaft, mit Hochhäusern und Wohnburgen, mit glitzernden Einkaufsstraßen und Shoppingpassagen, mit Wäldern und Seen, mit Slums und Residenzenvierteln, mit Schlafstädten und verspießten Vororten, mit Gartenstädten, mit Industriegebieten und Laubenkolonien.

Dieses Berlin ist voller Reibflächen, an denen sich Ärger und Zorn, Unmut und Spott entzünden können, nein müssen! Aber es hat noch mehr wahre Einfachheit, Herzlichkeit und menschliche Wärme, die damit versöhnen.

Mit dem Pferdefuhrwerk am Ende des französischen Sektors

alles Gute
zum

Dieses Berlin ist wie das große Berlin von einer Grenze umgeben, nur hier begegnet sie einem öfter, und sie scheint in der idyllischen Umgebung einschneidender.

An der Berliner Straße: Bemalte Mauer.

Grenzanlage in Frohnau. Die Grenze verläuft 5 m vor dem Zaun; deshalb stehen die Volkspolizisten vor dem Grenzzaun.

Meilenstein in der
Ruppiner Straße

Hier in meinem Berlin findet man alles, was man zum Leben braucht und – was man nicht braucht. Und wenn wirklich mal nicht, wenn der Tegeler, der Hermsdorfer, der Frohnauer oder der Schulzendorfer seine Scholle tatsächlich mal verläßt, um sich in die City zu wagen, zum Einkaufen oder gar, um ins Theater zu gehn, dann sagt er: „Ich fahre in die Stadt“, oder: „Ich fahre nach Berlin!“ Ich glaube, der Nordberliner ist ein eigener Menschenschlag, natürlich hat er auch seine eigene Zeitung, die so ist und heißt wie er.

S-Bahn in Frohnau

Zwischen Kiez und Ku'damm, Moabit und Rieselfeld,
Da gibt's mehr „Unikümmer", als sonstwo auf der Welt.
Spinner, Träumer, Or'ginale, zwischen Britz und Wilhelmsruh,
Und der und die, und du und ich gehör'n wohl auch dazu.

Stadtsilhouette
zwischen SFB und
Fernsehturm

Berlin tut weh

Ich hab' mit dir gelebt mein ganzes Leben,
Ich kenn' dich in- und auswendig, scheint mir,
Und all' meine Erinn'rungen verweben
Sich ganz mit deinem Namen und mit dir.
Sie sagen, du tust gut, ich glaube eher,
Du rührst mich, wühlst mich auf, wenn ich dich seh'.
Du triffst mich tiefer, du gehst mir viel näher:
Du tust mir weh!

Du malst dich an mit grellen bunten Farben,
Sie schminken dich mit Oberflächlichkeit.
Aber ich kenne alle deine Narben
Und alle Schatten der Vergangenheit.
Vergessen und verraten und geschunden:
Wenn ich hinter deine Fassaden seh',
Ist mir's, als spürt' ich jede deiner Wunden,
Du tust mir weh.

Staatsmann und Hinterbänkler, alle kamen
Mit großen Sprüchen und mit Prunk und Pracht,
Und alle schmückten sich mit deinem Namen
Und gingen wie die Diebe in der Nacht.
Es schmerzt zu sehen, wie sie dich mißbrauchen
Für jede Lüge, für jedes Klischee,
Um ihren Phrasen Leben einzuhauchen,
Du tust mir weh.

Fast alle meine Freunde sind gegangen.
Gewiß, manchmal verstehe ich sie gut.
Ich habe nur zu sehr an dir gehangen,
Mit meiner Trauer und mit meiner Wut.
Wie oft verlasse ich dich in Gedanken
Und komm' kleinlaut zurück, bevor ich geh'!
So stiehlt man sich nicht vom Bett eines Kranken,
Du tust mir weh.

Du hast mich um ein Stück Freiheit betrogen,
Mich, der nichts Teureres als Freiheit weiß.
Doch immer hat es mich zu dir gezogen,
Vielleicht kenne ich darum ihren Preis.
Ich liebe dich, du Stadt mit allen Schmerzen
Und trage halt, wohin immer ich geh',
Einen Splitter von dir in meinem Herzen!
Du tust mir weh.
Berlin tut weh.

Wohl weil ich dazugehöre, ist mein Verhältnis zu meiner Stadt immer mit all diesen Gefühlen beladen gewesen, ein ständiges Wechselbad der Stimmungen, ständig Auseinandersetzung, Mißverständnis und Einklang, Türzuschlagen und Versöhnung, eine schwierige „Beziehungskiste“, eine Haßliebe. Aber sind das nicht die lebendigsten und die beständigsten? Und machen nicht erst das Wissen um die dunklen Seiten, die Zerrissenheit und der Schmerz aus einer Liebe eine große Liebe?

Haus in der Ruppiner Chaussee

Die „Blaue Bonanza“ in Schulzendorf

Ich trag' den Staub von deinen Straßen
– Berlin –

Ich trag' den Staub von deinen Straßen
An meinen Schuhen heute noch mit mir herum.
Ich habe sie halt nie putzen lassen,
Nur aus Vergeßlichkeit? Nun ja, vielleicht darum.
In tausend Liedern hat man dich besungen,
Da kommt es nun auf ein Lied mehr ja auch nicht an.
Ich hab' den Kopf voll von Erinnerungen,
Mehr als ich wohl in einem Lied erzählen kann.
Von Moabit bis hin nach Lichtenrade,
Vom Wedding bis hinauf nach Wittenau,
Da kenn' ich Kneipen, Plätze, Fassaden
Wie jedes Loch in meinen Taschen so genau.

Da gibt es Kneipen, wie vor hundert Jahren,
Da steh'n am Tresen noch die Stammkunden umher,
Die zur Eröffnung auch schon hier waren,
Da gibt es Dinge, die gibt es schon fast nicht mehr.
Da ist der Bierhahn niemals ganz geschlossen,
Da steht ein Brotkorb, und der ist für jeden frei,
Und mancher holt sich dort sein Almosen
Und ißt's im Duft von Eisbein und Kartoffelbrei.
Da gibt es Straßen voller Glanz und Flitter,
Und ein paar Schritte weiter and're Straßen, wo
Die Tür'n verschloß'ner als Kerkergitter,
Die Pflastersteine härter sind, als anderswo.

Da gibt's Fassaden, die wie damals prangen,
Und jeder Mauerstein erzählt: es war einmal!
Als wär' die Zeit dran vorbeigegangen,
Dann gibt es andere, da war es nicht der Fall.
Da gibt es Heilige und Sonderlinge,
Weltenerlöser und Propheten aller Art.
Und man hört lächelnd verworr'ne Dinge
Von Weltenuntergang und sünd'ger Gegenwart.
Da gibt's noch Seen und richtige Wälder
Mit echten Förstern drin in zünft'ger Tracht.
Da gibt's noch richtige Wiesen und Felder,
Und echte Füchse sagen sich dort „Gute Nacht".

Da gibt es Laubenpieper, deren Gärten
Ein Stückchen Sanssouci, ein Stückchen Acker sind.
Vor Apfelbäumen und Gartenzwergen
Dreh'n unverdrossen kleine Mühlen sich im Wind.
Da gibt es Dorfau'n, wie im Bilderbogen,
Auf denen spenden Gaslaternen gelbes Licht.
Da sind die Vorhänge zugezogen,
Und hinter jedem Vorhang regt sich ein Gesicht.
Da gibt es Wüsten aus Beton und Steinen,
Und alle Straßen darin sind gespenstisch leer.
Wie eine Fata Morgana scheinen
Noch ein paar Schrebergärten vor dem Häusermeer.

Höfe, in die sich keine Fremden wagen,
In denen immer grade irgendwas passiert,
In denen, wie hier die Leute sagen,
Man mit dem Schießeisen die Miete abkassiert.
Da gibt's von Zeit zu Zeit noch einen greisen,
Halbtauben Lumpensammler, der am Haustor schellt:
„Ankauf von Lumpen, Papier, Alteisen!"
Schon fast ein Fabelwesen einer and'ren Welt.
Der Braunbierwagen fährt längst and're Lasten.
Den Scherenschleifer und den Kesselschmied,
Den Alten mit seinem Leierkasten,
Die gibt es fast nur noch in meinem Lied.

Ich trag' den Staub von deinen Straßen
An meinen Schuhen heute noch mit mir herum.
Ich hab' sie halt nie putzen lassen,
Nur aus Vergeßlichkeit? Nun ja, vielleicht darum!

Aber zu Haus kann ich nur in Berlin sein

Ich mag das Allgäu und die bunten Kühe,
Die auf den sanften, grünen Hügeln muh'n.
Ich mag den Rhein trotz seiner trüben Brühe,
Und ich mag alle, die etwas dagegen tun.
Das Alte Land und Hamburg mag ich gerne,
Ich mag das Land, wo man sich Spätzle macht,
Ich mag den Kohlenpott von Hamm bis Herne,
Und ich mag Mainz, wenn es nicht grade singt und lacht!

Aber zu Haus kann ich nur in Berlin sein,
Da ist das Leben, da wohnt der Bär.
Denk' ich „zu Haus", fällt mir nur Berlin ein,
Da bin ich glücklich, da fehlt mir nichts mehr.

Ich hab' 'nen Nagelknipser aus Solingen,
Mein Pudding kommt direkt aus Bielefeld,
Mein liebster Suppenwürfel kommt aus Singen,
Und in Vechta kommt mein Frühstücksei zur Welt.
Ich zeche gern im Ratskeller zu Bremen,
Ich friere gern im Sommer in Scharbeutz,
Laß' mir im Schwarzwald den Blinddarm rausnehmen,
Und ich stehe im Stau am Kamener Kreuz.

Ich liebe Kiel und all' die kleinen Sprotten,
In Flensburg sitz' ich gern und prüf' den Rum.
Nur, bleib' ich zu lang' fort, krieg' ich die Motten,
Und dann hilft alles nix, dann kehr' ich einfach um.
Und wenn ich auf der Transitstrecke rolle,
Dann spür' ich schon ein Kribbeln und ein Zieh'n,
Dann schmunz'le ich bei der Gesichtskontrolle:
Na gewiß doch, Herr Genosse, ich will nach Berlin!

Je mehr ich durch die Weltgeschichte renne,
Desto mehr komm' ich dazu, einzuseh'n,
Wenn ich wo einen Ort „Zuhause" nenne,
Dann muß da mindestens Berlin auf'm Ortsschild steh'n!

Denn zu Haus kann ich nur in Berlin sein,
Da ist das Leben, da wohnt der Bär.
Denk ich „zu Haus", fällt mir nur Berlin ein,
Da bin ich glücklich, da fehlt mir nichts mehr.

Der Norden von Berlin

Bei der Bildung von Groß-Berlin wurden am 1. Oktober 1920 die Gemeinden Reinickendorf, Wittenau, Tegel, Heiligensee, Hermsdorf und Lübars sowie die Gutsbezirke Jungfernheide-Nord, Tegel-Schloß und Frohnau zum 20. Berliner Bezirk – dem Bezirk Reinickendorf – zusammengefaßt. Der Bezirk gliedert sich heute in neun Ortsteile: Reinickendorf, Tegel, Konradshöhe (einschließlich Tegelort), Heiligensee (mit Schulzendorf), Frohnau, Hermsdorf, Waidmannslust, Lübars, Wittenau (einschließlich Borsigwalde und das Märkische Viertel).
Mit 8937 Hektar oder rund 89 Quadratkilometern nimmt Reinickendorf fast ein Fünftel des 480 Quadratkilometer großen Stadtgebietes von Berlin (West) ein und hat heute 230000 Einwohner. Reinickendorf ist damit der flächengrößte Bezirk Berlins und steht an der Zahl der Einwohner gemessen an zweiter Stelle.

Berlin

Der Bezirk Reinickendorf im Norden West-Berlins

In der gleichen Reihe sind erschienen:

Rainer Barzel
Ermland und Masuren
mit 29 Farbfotos von Karl-Heinz Jürgens und Helfried Weyer und einer Karte

Maria Beig
Aus Oberschwaben
Paradies vorm Ausverkauf
mit 37 Farbfotos von Rupert Leser und zwei Karten

Utta Danella
In Ostholstein
Wasser ist hier überall
mit 40 Farbfotos von Werner Richner

Otto Herbert Hajek
Stuttgart
Lebensraum Stadt – und Kunst
mit 40 Farbfotos von Siegfried Himmer

Peter Horton
Intermezzo am Inn
mit 36 Farbfotos und zwei Karten

Hanns Dieter Hüsch
Am Niederrhein
Pflaumenkuchen und schlaflose Nächte
mit 30 Farbfotos von Thomas Mayer und einer Karte

Erich Loest
Ein Sachse in Osnabrück
mit 33 Farbfotos von Christian Grovermann und zwei Karten

Lore Lorentz
Düsseldorf
und der Düsseldorfer
mit 37 Farbfotos von Thomas Mayer

Hans Maier
Freiburg
Flucht ins Behagen
mit 43 Farbfotos von Max Galli

Luise Rinser
Ort meiner Kindheit: Wessobrunn
mit 30 Farbfotos von Jürgen Richter und einer Karte

Jürgen Scheller
Potsdam
Der Alte Fritz und die neue Zeit
mit 30 Farbfotos von Karl-Heinz Jürgens und drei Karten

Klaus Staeck
Alt-Heidelberg, das meine
mit 44 Farbfotos von Dirk Reinartz

Konstantin Wecker
Wieder dahoam – Wo München mir gehört
mit 39 Farbfotos von Joachim v. Czarnowski

Gabriele Wohmann
Darmstadt
Unterwegs gehöre ich nach Haus
mit 35 Farbfotos von Roman Größer

Dieter Zimmer
Mein Leipzig – lob ich's mir?
mit 37 dokumentarischen Farbfotos und zwei Karten
Format: 24 × 17 cm